LIBROS
DE LA
CAVERNA

Extras de se-rie

(Poemas)

Begoña Montes Zofío

LIBROS
DE LA
CAVERNA

1ª edición (2025).

ISBN: 978-84-129348-5-4
Depósito legal: M-22845-2025

Impreso en España / *Printed in Spain* (2025).

librosdelacaverna.es
instagram.com/librosdelacaverna
facebook.com/librosdelacaverna

Índice

Con la D

Con humor

Extras de se-rie

CON LA D

1

Con la d

DESHOJAR.
Antes y después del árbol.
Desnacer.

Deshilar.
Volver al hilo.

Desbravar.
Furia evaporada
en letras.

Desmatar.
Solo un arbusto.

Despido.
Ya no lo quiero.

Deshacer.
No existe el tiempo
hacia atrás.

Después.
Ahora con pero.

2

EsConde

DESESPERO.
Masa en el horno
hasta que sube.

Desando.
Pierdo la medida.

Deseo.
Sin mí.
Fuera.

Desilusión.
Dentro otra vez.

Destapo.
Se fue la magia.

Desnudo.
El marido de la Maja.
Se cayó el vestido.

Desprecio.
Despido gratis.

Déspota.
Escritor de versos jubilado.
Extremo sin domar.

3

Con 3 d

DESTINO.
En el billete de tren.
La taquillera lo sabe.

Desuso.
Sin destino.

Destaco.
Quitar los cuadros
de la pared.

Destello.
Descolgar la estrella.

Desposar.
Vestir al desnudo de Goya.
O a su mujer.

Despacho.
Paso página.
Negocio de pan.

Desfalco.
Salir del teatro. Cambio de cuento/a.
Acaparo sin ley.

Despensa.
La del Papa lleva una i.

4

Dos por dos

Desazón.
Para crecer.
Para morir poco a poco.

Desatar.
Hacer del lazo, un posible lazo.
Volver al vacío de los nudos.

Desescombro.
Lavar el hombro para no ver la basura.
Limpieza general.

Desdoro.
Te adoré. Devuélveme el anillo.

Destajo.
Todos quieren ser su cuenca.

Desierto.
Casi cierto, casi agua, casi nube,
casi sombra.

Desmán.
Sin tacto.

Destronar.
Hermana sucedida.

5

De2

DESTETAR.
Proceso inacabado.

Desvalido.
Tiembla con el bebé;
adivina el terremoto.

Desatino.
¿Movieron la pared?

Desajuste.
Bisagra que desafina.

Desbocar.
Se pierde el labio
detrás de otra piel.

Descoser.
¿Podrás arreglarlo?

Desliz.
¡Cuántos quisieran!

6

Media

DESECAR.
Líquido
de frenos.

Desfiguro.
Maniquí sin vestir.

Desgana.
Hambre de dios.

Deshonra.
Afonía
en la aclamación popular.

Desgajar.
Soltar los hijos.

Deslucir.
Hacerse el feo.

7

Dime do

DESMELENO.
Desrizo, descalvo, despelucho.
Perder la cabeza por un rato.

Desnacer.
Cada día un poco ¿y desmorir?

Desmedir.
Aplica tu palmo
y tu zancada hacia atrás.

Desplumar.
Frío en el ala.

Desquedar.
Mover la cita a la papelera
de reciclaje.

Descasar.
Para toda la muerte;
perdices que sobreviven al guiso.

Destrozar.
Partes de uno con vida propia.
En singular, rompo.

8

Dame una d

Desunir.
Se suceden las fases sin «des» y con «des».
Llegó el viento.

Desde.
Sin origen, tiempo lineal.

Desvirgar.
Todos los signos menos uno.
¿Y si no fue la primera vez?

Devastar.
Limpio. Sin eco.

Desovar.
Préstamo de interés
creciente para el universo.

Desmigar.
Manjar de picos.

Desplegar.
Vuelo, plancha, doblez;
ser honesto.

9

D pedida

Despojo.
Invierto la piel muerta.
Retiro.

Descender.
Solo los reyes.

Desmentir.
Modelar ¿ser honesto?

Desván.
Todos dejan su pasado.

Desmadejar.
Deja
me
des-cansar.

Despropósito.
Proyecto lavado en el río.
Traspiés.

10

De fin

DESINTERÉS.
Sin rescate, sin expectativas;
dormir en el suelo.

Descansar.
Descorrer, desandar, desubir, deshablar...
para volver.

Destiempo.
Compás desorientado, mapa sin sol.
Infinito.

Descuido.
Olvidaste el abrigo. Ruina.

Descubro.
Levanto, averiguo; vemos.

Despilfarro.
Para el lujo, para otros,
para tener.

Despiporre.
Sin pared, sin limar, sin fin.

Desamor.
Ameba que ya no busca.

CON HUMOR

1

Economía

SE ALQUILAN
millonarios
por horas.

Se vende
papel
mojado.

Se pierde
el tren.

Se regalan
talones
sin fondos.

Se duplica
la moral.

Se especula
con el sol.

Se empaquetan
bancos.

Se adelantan
posiciones.

Se empeña
la vergüenza.

Se encoge
la paz.

Se pinta
la ocasión.

Se negocia
la vejez.

Se invierte la señal, se licencian testigos.
Se pierden cabezas.
Se vive al margen de la ley.

Se lo advertimos.

Se cambian aceras por interés.
Se inventan aduanas.
Se traspasan barrigas,
se venden trenes perdidos.

Se alquila la razón, se sostiene.

Se abrillanta
el currículum.

Se conquista
el fondo
del mar.

Se deteriora
la vez.

Se inventan
excusas.

Seamos amigos,
se acabó lo que se daba.
Se pierden puntos por entregas.

Se invita al conductor.

Se especula
con el tiempo.

Se inventan
deudas.

Se trafica
con libros.

Se premia el atrevimiento.
Se cubre el expediente.
Se organizan venganzas.

Se mina la moral,
se pierde el tipo.

Se graban
discos de oro.

Se cancelan
los bolsillos.

Se ahogan
fantasías.

Se incumplen
promesas.

Se agudiza la extorsión.
Se vive de las rentas.
Se alquilan compromisos por horas.
Se actualiza el perfil.

Se sabrá.

Se intenta explicar.
Se corta por lo sano, se justifica.
Se parte y se reparte lo peor.

Se promete
lo que sea.

Se hace
la pelota.

Se prestan
oportunidades.

Se pierde el juicio.
Se admiten apuestas.

Se verá.

2

Naturaleza

Se vende
sol
puesto.

Se pintan
huellas.

Se miden
conchas
de tortuga.

Se dobla
el desencanto.

Se venden sombras incipientes.
Se toman vistas,
se persiguen aguas subterráneas,
se pierde el sur

y se cotiza el arroz pasado.

Se alimentan
virus.

Se muere
el hoyo.

Se rellenan
volcanes.

Se encargan
huidas.

Se exprimen
luciérnagas.

Se trasplantan
acueductos.

Se desinfectan
amaneceres.

Se cierra
el paso.

Se perturba
la paz.

Se alquilan tempestades,
se pierde el norte,
se tapizan dehesas.

Se cosen agujeros negros.

Se siembran horizontes.

Se fotografían
dinosaurios.

Se pisan
charcos.

Se saca
a la gente
del pozo.

Se lucha
contra
la corriente.

Se transparenta
el telón.

Se alargan
vidas.

Se serenan las aguas.
Se amamanta el hielo,
se atan cabos.

Se planchan enredaderas,
se entrevista al cactus.
Se corrige la inclinación.
Se pliegan acantilados.

Se rellena el vacío existencial.

Se cortan
elefantes.

Se alquila
cráter
sulfuroso.

Se llenan
lunas.

3

Ciudad

Se hacen armarios con rampa.
Se pintan calvos de ocasión.
Se cuelgan muros,
se repierden amistades.

Se zurcen cabos sueltos.

Se imprimen
orinales.

Se decoran
arterias.

Se termina
el infinito.

Se admiten
diosas.

Se pregunta por preguntar.
Se adornan realidades.
Se arreglan relojes de sol.

Se pulen diferencias.

Se barnizan futuros,
se buscan aparadores digitales.

Se conduce en chino,
se desploman rascacielos.

Se adelantan aviones.

Se pretende
dormir.

Se perfuman
espejos.

Se resuelven
dudas
existenciales.

Se dan
esquinazo.

Se patina
al hablar.

Se imprimen
pasatiempos
sin solución.

Se atascan tuberías por encargo.
Se rabia.
Se pintan monas y se visten de seda.
Se adornan pianos por dentro.

Se corren velos tupidos.
Se identifican ovnis.
Se avisó.

Se arremangan alfombras.
Se envasan corruptos.
Se esconde el telón, se alicatan ascensores,
se regala la vez.

Se engrasan
libros
al peso.

Se desnudan
santos.

Se encuentra
la silla
en Sevilla.

Se mandan mentiras de Navidad.
Se tiñe la voz. Se destiñe el tiempo.
Se levan anclas.

Se limpia el pasado,
se defiende lo imposible.
Se hace la menticura.

Se lavan bilis.

Se envuelven
pensamientos.

Se embalsaman
osos.

Se coleccionan
buenas
noticias.

Se dan
esquinazos.

Se decoran
rotondas.

Se recitan postales.
Se atornillan compuertas.
Se congelan partidos de fútbol.

Se pintan copas.
Se doblan adoquines.
Se cosen las mangas.

Se toca la nariz.

Se descargan las tintas,
se calientan motores,
se acabó lo que se daba.

4

Comida

SE NECESITA cocinero o fraile.
Se traducen barras de pan,
se compra nube del día,

se templan gaitas.

Se fermentan
genios
en barril.

Se regala
el torrefacto
del café.

Se acatan
vinos
espumosos.

Se infla
el arroz.

Se asan
vecinos
a la parrilla.

Se asaltan neveras.
Se coleccionan empanadas.
Se atan los perros y la longaniza.

Se rompe el telón.

Se cambia la harina de costal.
Se aderezan cunetas.
Se abrillantan tomates.
Se exprimen medias naranjas.

Se fríen
orejas
y cerdos.

Se corta
la mayonesa.

Se agrian
conversaciones.

Se alimenta el orgullo,
se baten las palmas.

Se congela la ilusión.

5

Cuerpo

Se envuelven
zancadillas,
borrones y zurraspas.

Se limpian
conciencias
a presión.

Se riegan
tumbas.

Se rompen cristales,
se sorprende a la ocasión.
Se mete el dedo en el hijo,
se alicatan corazones de piedra.

Se meten pelotillas en la nariz.

Se exportan actas,
se agudiza el ingenio.
Se disfrazan dolores,
se camufla la voz.

Se buscan
balas
perdidas.

Se tienden
manos
al sol.

Se lanzan
cables.

Se verá.

Se tapizan
dientes.

Se investiga
al detective.

Se colapsa
el humor.

Se hacen
gárgaras
al peso.

Se capea
el vendaval.

Se pierden kilos.
Se desvelan carretes,
se pierde el paso,
se saca el dedo de la llaga,
se funden los plomos.

Se aprende la nada,
se huele el miedo,
se pasean espinillas,
se ayema la voz.

Se duplican vidas, se tuerce el gesto.

Se vende
la procesión
de dentro.

Se hace
la cusqui.

Se levanta
la moral.

Se cavan
tumbas
propias.

Se perdió.

Se aseguran pérdidas.
Se endiosa a los futbolistas.
Se miran ombligos.
Se sangran cuentas.

Se entierran
futuros.

Se buscan
enemigos.

Se dobla
la edad.

Se encuentra el tiempo,
se (re) parten risas.
Se mama por el que no lloró.

Se cumple con lo imprevisto.
Se engorda el ego.

Se cambian prejuicios en una hora.

Se veía
venir.

Se duerme
al locutor.

Se garantiza
la muerte.

6

Relaciones

Sᴇ ᴇɴᴄᴜᴇɴᴛʀᴀ la virginidad.
Se apagan pasiones.

Se compran novios en buen estado.

Se besan
tornillos.

Se seducen
mariquitas.

Se envasan
orgasmos
múltiples.

Se casa
el cartero.

Se baila
el tango
en París.

Se pinchan condones. Se quedó encinta.
Se hacen cuernos a medida.

Se cambia menopausia
por virginidad.

Se miden
desencuentros.

Se afilan
tacones.

Se rueda
silencio.

Se ruega pasión.
Se agradece.

Seremos lo que queramos.